Super-Bauherr

Das Bautagebuch und Eintragalbum für Hausbauer

Die Hafenprinzessin

Dieses Buch gehört:

Neubau, Anbau, Umbau oder Renovierungsprojekt

Straße und Hausnummer:

Dieses Buch wurde geschenkt/überreicht von:

(Name/Stempel/Visitenkarte einkleben etc.)

Inhaltsverzeichnis

Impressum

© 2019 youneo projects flick und weber GbR

Verantwortlich

Christian Flick / Mathias Weber

youneo projects flick und weber GbR, Poststraße 1, 49326 Melle

info@youneoprojects.de, www.youneoprojects.de

Herstellung und Verlag

BoD - Books on Demand, Norderstedt

Bildquellen

© rogistok/shutterstock (Cover), ddok/shutterstock, Happy Art/shutterstock, Lemberg Vector studio/shutterstock

Hafenprinzessin® ist eine eingetragene Marke der youneo projects flick und weber GbR.

ISBN: 9783749406180

Unser Baugrundstück

Fotos von Ihrem Grundstück

 # Unser Baugrundstück

Lageplan

Unser Eigenheim

Pläne vom Haus
(Grundrisse, Ansichten, Rendering)

 # Unser Eigenheim

Pläne vom Haus
(Grundrisse, Ansichten, Rendering)

Unser Eigenheim

Pläne vom Haus

(Grundrisse, Ansichten, Rendering)

Unser Eigenheim

Pläne vom Haus
(Grundrisse, Ansichten, Rendering)

 # Unser Eigenheim

Kurze Beschreibung (z.B. ein Haus nach EnEV, KFW55, KFW 50, KFW 40):

 # Unser Eigenheim

Kurze Beschreibung (z.B. ein Haus nach EnEV, KFW55, KFW 50, KFW 40):

Baugenehmigung

Kopie der Baugenehmigung

 # Baugenehmigung

Auflagen der Baubehörde:

Baubeginn erfolgte am:

# Für uns plant

Architekt, Bauträger:

 # Liste der am Bau beteiligten Unternehmen

Firma/Gewerk/Anschrift und Tel.:

Woche 1

Datum:

⭕ 🛠 Rohbau   ⭕ 🖌 Innenausbau   ⭕ 📐 Restarbeiten

In dieser Woche wurden folgende Gewerke begonnen oder erfolgreich fertiggestellt:

In dieser Woche gab es folgende besondere Herausforderungen und/oder Probleme:

In dieser Woche hatten wir fleißige Hilfe von folgenden „Händen" (Familie, Nachbar etc.):

Die Stimmung in dieser Woche war (bitte ankreuzen):

⭕ ☺ sehr gut   ⭕ 😐 geht so   ⭕ ☹ nächste Frage

Liegen wir noch in unserer Zeitplanung? (bitte ankreuzen):

⭕ ✔ ja   ⭕ ✖ nein

Optionale Verzögerungsdauer in Tagen:

Auf dieser Seite können Sie Fotos vom Bauabschnitt dieser Hausbauwoche einkleben, ein nettes Erlebnis als Text festhalten, ein Anlieferetikett als humorvollen Beitrag einkleben oder auch selbst kreative Skizzen einzeichnen etc.:

Woche 2

Datum:

○   Rohbau   ○   Innenausbau   ○   Restarbeiten

In dieser Woche wurden folgende Gewerke begonnen oder erfolgreich fertiggestellt:

In dieser Woche gab es folgende besondere Herausforderungen und/oder Probleme:

In dieser Woche hatten wir fleißige Hilfe von folgenden „Händen" (Familie, Nachbar etc.):

Die Stimmung in dieser Woche war (bitte ankreuzen):

○   ☺   sehr gut   ○   😐   geht so   ○   ☹   nächste Frage

Liegen wir noch in unserer Zeitplanung? (bitte ankreuzen):

○   ✔   ja   ○   ✘   nein

Optionale Verzögerungsdauer in Tagen:

Auf dieser Seite können Sie Fotos vom Bauabschnitt dieser Hausbauwoche einkleben, ein nettes Erlebnis als Text festhalten, ein Anlieferetikett als humorvollen Beitrag einkleben oder auch selbst kreative Skizzen einzeichnen etc.:

Woche 3

Datum:

○ 🔨 Rohbau   ○ 🖌 Innenausbau   ○ 🔧 Restarbeiten

In dieser Woche wurden folgende Gewerke begonnen oder erfolgreich fertiggestellt:

In dieser Woche gab es folgende besondere Herausforderungen und/oder Probleme:

In dieser Woche hatten wir fleißige Hilfe von folgenden „Händen" (Familie, Nachbar etc.):

Die Stimmung in dieser Woche war (bitte ankreuzen):

○ ☺ sehr gut   ○ 😐 geht so   ○ ☹ nächste Frage

Liegen wir noch in unserer Zeitplanung? (bitte ankreuzen):

○ ✔ ja   ○ ✘ nein

Optionale Verzögerungsdauer in Tagen:

Auf dieser Seite können Sie Fotos vom Bauabschnitt dieser Hausbauwoche einkleben, ein nettes Erlebnis als Text festhalten, ein Anlieferetikett als humorvollen Beitrag einkleben oder auch selbst kreative Skizzen einzeichnen etc.:

Woche 4

○ Rohbau   ○ Innenausbau   ○ Restarbeiten

In dieser Woche wurden folgende Gewerke begonnen oder erfolgreich fertiggestellt:

In dieser Woche gab es folgende besondere Herausforderungen und/oder Probleme:

In dieser Woche hatten wir fleißige Hilfe von folgenden „Händen" (Familie, Nachbar etc.):

Die Stimmung in dieser Woche war (bitte ankreuzen):

○ ☺ sehr gut   ○ 😐 geht so   ○ ☹ nächste Frage

Liegen wir noch in unserer Zeitplanung? (bitte ankreuzen):

○ ✔ ja   ○ ✖ nein

Optionale Verzögerungsdauer in Tagen:

24

Auf dieser Seite können Sie Fotos vom Bauabschnitt dieser Hausbauwoche einkleben, ein nettes Erlebnis als Text festhalten, ein Anlieferetikett als humorvollen Beitrag einkleben oder auch selbst kreative Skizzen einzeichnen etc.:

Woche 5

Datum:

○ 🔲 Rohbau   ○ 🔲 Innenausbau   ○ 🔲 Restarbeiten

In dieser Woche wurden folgende Gewerke begonnen oder erfolgreich fertiggestellt:

In dieser Woche gab es folgende besondere Herausforderungen und/oder Probleme:

In dieser Woche hatten wir fleißige Hilfe von folgenden „Händen" (Familie, Nachbar etc.):

Die Stimmung in dieser Woche war (bitte ankreuzen):

○ 🙂 sehr gut   ○ 😐 geht so   ○ 🙁 nächste Frage

Liegen wir noch in unserer Zeitplanung? (bitte ankreuzen):

○ ✔ ja   ○ ✖ nein

Optionale Verzögerungsdauer in Tagen:

Auf dieser Seite können Sie Fotos vom Bauabschnitt dieser Hausbauwoche einkleben, ein nettes Erlebnis als Text festhalten, ein Anlieferetikett als humorvollen Beitrag einkleben oder auch selbst kreative Skizzen einzeichnen etc.:

Woche 6

○ Rohbau   ○ Innenausbau   ○ Restarbeiten

In dieser Woche wurden folgende Gewerke begonnen oder erfolgreich fertiggestellt:

In dieser Woche gab es folgende besondere Herausforderungen und/oder Probleme:

In dieser Woche hatten wir fleißige Hilfe von folgenden „Händen" (Familie, Nachbar etc.):

Die Stimmung in dieser Woche war (bitte ankreuzen):

○ ☺ sehr gut   ○ 😐 geht so   ○ ☹ nächste Frage

Liegen wir noch in unserer Zeitplanung? (bitte ankreuzen):

○ ✔ ja   ○ ✖ nein

Optionale Verzögerungsdauer in Tagen:

28

Auf dieser Seite können Sie Fotos vom Bauabschnitt dieser Hausbauwoche einkleben, ein nettes Erlebnis als Text festhalten, ein Anlieferetikett als humorvollen Beitrag einkleben oder auch selbst kreative Skizzen einzeichnen etc.:

Woche 7

Datum:

○ Rohbau   ○ Innenausbau   ○ Restarbeiten

In dieser Woche wurden folgende Gewerke begonnen oder erfolgreich fertiggestellt:

In dieser Woche gab es folgende besondere Herausforderungen und/oder Probleme:

In dieser Woche hatten wir fleißige Hilfe von folgenden „Händen" (Familie, Nachbar etc.):

Die Stimmung in dieser Woche war (bitte ankreuzen):

○ ☺ sehr gut   ○ 😐 geht so   ○ ☹ nächste Frage

Liegen wir noch in unserer Zeitplanung? (bitte ankreuzen):

○ ✔ ja   ○ ✖ nein

Optionale Verzögerungsdauer in Tagen:

30

Auf dieser Seite können Sie Fotos vom Bauabschnitt dieser Hausbauwoche einkleben, ein nettes Erlebnis als Text festhalten, ein Anlieferetikett als humorvollen Beitrag einkleben oder auch selbst kreative Skizzen einzeichnen etc.:

Woche 8

○ 🔨 Rohbau   ○ 🖌 Innenausbau   ○ ✏ Restarbeiten

In dieser Woche wurden folgende Gewerke begonnen oder erfolgreich fertiggestellt:

In dieser Woche gab es folgende besondere Herausforderungen und/oder Probleme:

In dieser Woche hatten wir fleißige Hilfe von folgenden „Händen" (Familie, Nachbar etc.):

Die Stimmung in dieser Woche war (bitte ankreuzen):

○ ☺ sehr gut   ○ 😐 geht so   ○ ☹ nächste Frage

Liegen wir noch in unserer Zeitplanung? (bitte ankreuzen):

○ ✔ ja   ○ ✘ nein

Optionale Verzögerungsdauer in Tagen:

Auf dieser Seite können Sie Fotos vom Bauabschnitt dieser Hausbauwoche einkleben, ein nettes Erlebnis als Text festhalten, ein Anlieferetikett als humorvollen Beitrag einkleben oder auch selbst kreative Skizzen einzeichnen etc.:

Woche 9

Datum:

○ 🔨 Rohbau   ○ 🎨 Innenausbau   ○ 📐 Restarbeiten

In dieser Woche wurden folgende Gewerke begonnen oder erfolgreich fertiggestellt:

In dieser Woche gab es folgende besondere Herausforderungen und/oder Probleme:

In dieser Woche hatten wir fleißige Hilfe von folgenden „Händen" (Familie, Nachbar etc.):

Die Stimmung in dieser Woche war (bitte ankreuzen):

○ ☺ sehr gut   ○ 😐 geht so   ○ ☹ nächste Frage

Liegen wir noch in unserer Zeitplanung? (bitte ankreuzen):

○ ✔ ja   ○ ✘ nein

Optionale Verzögerungsdauer in Tagen:

Auf dieser Seite können Sie Fotos vom Bauabschnitt dieser Hausbauwoche einkleben, ein nettes Erlebnis als Text festhalten, ein Anlieferetikett als humorvollen Beitrag einkleben oder auch selbst kreative Skizzen einzeichnen etc.:

Woche 10

○   Rohbau   ○   Innenausbau   ○   Restarbeiten

In dieser Woche wurden folgende Gewerke begonnen oder erfolgreich fertiggestellt:

In dieser Woche gab es folgende besondere Herausforderungen und/oder Probleme:

In dieser Woche hatten wir fleißige Hilfe von folgenden „Händen" (Familie, Nachbar etc.):

Die Stimmung in dieser Woche war (bitte ankreuzen):

○   ☺   sehr gut   ○   😐   geht so   ○   ☹   nächste Frage

Liegen wir noch in unserer Zeitplanung? (bitte ankreuzen):

○   ✔   ja   ○   ✘   nein

Optionale Verzögerungsdauer in Tagen:

Auf dieser Seite können Sie Fotos vom Bauabschnitt dieser Hausbauwoche einkleben, ein nettes Erlebnis als Text festhalten, ein Anlieferetikett als humorvollen Beitrag einkleben oder auch selbst kreative Skizzen einzeichnen etc.:

Woche 11

○ Rohbau   ○ Innenausbau   ○ Restarbeiten

In dieser Woche wurden folgende Gewerke begonnen oder erfolgreich fertiggestellt:

In dieser Woche gab es folgende besondere Herausforderungen und/oder Probleme:

In dieser Woche hatten wir fleißige Hilfe von folgenden „Händen" (Familie, Nachbar etc.):

Die Stimmung in dieser Woche war (bitte ankreuzen):

○ ☺ sehr gut   ○ 😐 geht so   ○ ☹ nächste Frage

Liegen wir noch in unserer Zeitplanung? (bitte ankreuzen):

○ ✔ ja   ○ ✘ nein

Optionale Verzögerungsdauer in Tagen:

Auf dieser Seite können Sie Fotos vom Bauabschnitt dieser Hausbauwoche einkleben, ein nettes Erlebnis als Text festhalten, ein Anlieferetikett als humorvollen Beitrag einkleben oder auch selbst kreative Skizzen einzeichnen etc.:

Woche 12

○ 🛠 Rohbau   ○ 🖌 Innenausbau   ○ 📐 Restarbeiten

In dieser Woche wurden folgende Gewerke begonnen oder erfolgreich fertiggestellt:

In dieser Woche gab es folgende besondere Herausforderungen und/oder Probleme:

In dieser Woche hatten wir fleißige Hilfe von folgenden „Händen" (Familie, Nachbar etc.):

Die Stimmung in dieser Woche war (bitte ankreuzen):

○ 🙂 sehr gut   ○ 😐 geht so   ○ 🙁 nächste Frage

Liegen wir noch in unserer Zeitplanung? (bitte ankreuzen):

○ ✔ ja   ○ ✖ nein

Optionale Verzögerungsdauer in Tagen:

Auf dieser Seite können Sie Fotos vom Bauabschnitt dieser Hausbauwoche einkleben, ein nettes Erlebnis als Text festhalten, ein Anlieferetikett als humorvollen Beitrag einkleben oder auch selbst kreative Skizzen einzeichnen etc.:

Woche 13

Datum:

○ 🔲 Rohbau   ○ 🔲 Innenausbau   ○ 🔲 Restarbeiten

In dieser Woche wurden folgende Gewerke begonnen oder erfolgreich fertiggestellt:

In dieser Woche gab es folgende besondere Herausforderungen und/oder Probleme:

In dieser Woche hatten wir fleißige Hilfe von folgenden „Händen" (Familie, Nachbar etc.):

Die Stimmung in dieser Woche war (bitte ankreuzen):

○ 🙂 sehr gut   ○ 😐 geht so   ○ 🙁 nächste Frage

Liegen wir noch in unserer Zeitplanung? (bitte ankreuzen):

○ ✔ ja   ○ ✖ nein

Optionale Verzögerungsdauer in Tagen:

Auf dieser Seite können Sie Fotos vom Bauabschnitt dieser Hausbauwoche einkleben, ein nettes Erlebnis als Text festhalten, ein Anlieferetikett als humorvollen Beitrag einkleben oder auch selbst kreative Skizzen einzeichnen etc.:

Woche 14

Datum:

○   Rohbau   ○   Innenausbau   ○   Restarbeiten

In dieser Woche wurden folgende Gewerke begonnen oder erfolgreich fertiggestellt:

In dieser Woche gab es folgende besondere Herausforderungen und/oder Probleme:

In dieser Woche hatten wir fleißige Hilfe von folgenden „Händen" (Familie, Nachbar etc.):

Die Stimmung in dieser Woche war (bitte ankreuzen):

○   ☺ sehr gut   ○   😐 geht so   ○   ☹ nächste Frage

Liegen wir noch in unserer Zeitplanung? (bitte ankreuzen):

○   ✔ ja   ○   ✘ nein

Optionale Verzögerungsdauer in Tagen:

44

Auf dieser Seite können Sie Fotos vom Bauabschnitt dieser Hausbauwoche einkleben, ein nettes Erlebnis als Text festhalten, ein Anlieferetikett als humorvollen Beitrag einkleben oder auch selbst kreative Skizzen einzeichnen etc.:

Woche 15

○ Rohbau   ○ Innenausbau   ○ Restarbeiten

In dieser Woche wurden folgende Gewerke begonnen oder erfolgreich fertiggestellt:

In dieser Woche gab es folgende besondere Herausforderungen und/oder Probleme:

In dieser Woche hatten wir fleißige Hilfe von folgenden „Händen" (Familie, Nachbar etc.):

Die Stimmung in dieser Woche war (bitte ankreuzen):

○ ☺ sehr gut   ○ 😐 geht so   ○ ☹ nächste Frage

Liegen wir noch in unserer Zeitplanung? (bitte ankreuzen):

○ ✔ ja   ○ ✖ nein

Optionale Verzögerungsdauer in Tagen:

46

Auf dieser Seite können Sie Fotos vom Bauabschnitt dieser Hausbauwoche einkleben, ein nettes Erlebnis als Text festhalten, ein Anlieferetikett als humorvollen Beitrag einkleben oder auch selbst kreative Skizzen einzeichnen etc.:

Woche 16

Datum:

○   Rohbau   ○   Innenausbau   ○   Restarbeiten

In dieser Woche wurden folgende Gewerke begonnen oder erfolgreich fertiggestellt:

In dieser Woche gab es folgende besondere Herausforderungen und/oder Probleme:

In dieser Woche hatten wir fleißige Hilfe von folgenden „Händen" (Familie, Nachbar etc.):

Die Stimmung in dieser Woche war (bitte ankreuzen):

○   ☺   sehr gut   ○   😐   geht so   ○   ☹   nächste Frage

Liegen wir noch in unserer Zeitplanung? (bitte ankreuzen):

○   ✔   ja   ○   ✘   nein

Optionale Verzögerungsdauer in Tagen:

48

Auf dieser Seite können Sie Fotos vom Bauabschnitt dieser Hausbauwoche einkleben, ein nettes Erlebnis als Text festhalten, ein Anlieferetikett als humorvollen Beitrag einkleben oder auch selbst kreative Skizzen einzeichnen etc.:

Woche 17

Datum:

○ 🔺 Rohbau   ○ 🔲 Innenausbau   ○ 📐 Restarbeiten

In dieser Woche wurden folgende Gewerke begonnen oder erfolgreich fertiggestellt:

In dieser Woche gab es folgende besondere Herausforderungen und/oder Probleme:

In dieser Woche hatten wir fleißige Hilfe von folgenden „Händen" (Familie, Nachbar etc.):

Die Stimmung in dieser Woche war (bitte ankreuzen):

○ 🙂 sehr gut   ○ 😐 geht so   ○ 🙁 nächste Frage

Liegen wir noch in unserer Zeitplanung? (bitte ankreuzen):

○ ✔ ja   ○ ✖ nein

Optionale Verzögerungsdauer in Tagen:

50

Auf dieser Seite können Sie Fotos vom Bauabschnitt dieser Hausbauwoche einkleben, ein nettes Erlebnis als Text festhalten, ein Anlieferetikett als humorvollen Beitrag einkleben oder auch selbst kreative Skizzen einzeichnen etc.:

Woche 18

Datum:

○ 🔨 Rohbau   ○ 🖌 Innenausbau   ○ 📐 Restarbeiten

In dieser Woche wurden folgende Gewerke begonnen oder erfolgreich fertiggestellt:

In dieser Woche gab es folgende besondere Herausforderungen und/oder Probleme:

In dieser Woche hatten wir fleißige Hilfe von folgenden „Händen" (Familie, Nachbar etc.):

Die Stimmung in dieser Woche war (bitte ankreuzen):

○ ☺ sehr gut   ○ 😐 geht so   ○ ☹ nächste Frage

Liegen wir noch in unserer Zeitplanung? (bitte ankreuzen):

○ ✔ ja   ○ ✘ nein

Optionale Verzögerungsdauer in Tagen:

Auf dieser Seite können Sie Fotos vom Bauabschnitt dieser Hausbauwoche einkleben, ein nettes Erlebnis als Text festhalten, ein Anlieferetikett als humorvollen Beitrag einkleben oder auch selbst kreative Skizzen einzeichnen etc.:

Woche 19

○   Rohbau   ○   Innenausbau   ○   Restarbeiten

In dieser Woche wurden folgende Gewerke begonnen oder erfolgreich fertiggestellt:

In dieser Woche gab es folgende besondere Herausforderungen und/oder Probleme:

In dieser Woche hatten wir fleißige Hilfe von folgenden „Händen" (Familie, Nachbar etc.):

Die Stimmung in dieser Woche war (bitte ankreuzen):

○ ☺ sehr gut   ○ 😐 geht so   ○ ☹ nächste Frage

Liegen wir noch in unserer Zeitplanung? (bitte ankreuzen):

○ ✔ ja   ○ ✖ nein

Optionale Verzögerungsdauer in Tagen:

Auf dieser Seite können Sie Fotos vom Bauabschnitt dieser Hausbauwoche einkleben, ein nettes Erlebnis als Text festhalten, ein Anlieferetikett als humorvollen Beitrag einkleben oder auch selbst kreative Skizzen einzeichnen etc.:

Woche 20

Datum:

◯ 🔺 Rohbau   ◯ 🔳 Innenausbau   ◯ 🔲 Restarbeiten

In dieser Woche wurden folgende Gewerke begonnen oder erfolgreich fertiggestellt:

In dieser Woche gab es folgende besondere Herausforderungen und/oder Probleme:

In dieser Woche hatten wir fleißige Hilfe von folgenden „Händen" (Familie, Nachbar etc.):

Die Stimmung in dieser Woche war (bitte ankreuzen):

◯ ☺ sehr gut   ◯ 😐 geht so   ◯ ☹ nächste Frage

Liegen wir noch in unserer Zeitplanung? (bitte ankreuzen):

◯ ✔ ja   ◯ ✖ nein

Optionale Verzögerungsdauer in Tagen:

Auf dieser Seite können Sie Fotos vom Bauabschnitt dieser Hausbauwoche einkleben, ein nettes Erlebnis als Text festhalten, ein Anlieferetikett als humorvollen Beitrag einkleben oder auch selbst kreative Skizzen einzeichnen etc.:

Woche 21

Datum:

○ 🔨 Rohbau   ○ 🖌 Innenausbau   ○ 📐 Restarbeiten

In dieser Woche wurden folgende Gewerke begonnen oder erfolgreich fertiggestellt:

In dieser Woche gab es folgende besondere Herausforderungen und/oder Probleme:

In dieser Woche hatten wir fleißige Hilfe von folgenden „Händen" (Familie, Nachbar etc.):

Die Stimmung in dieser Woche war (bitte ankreuzen):

○ ☺ sehr gut   ○ 😐 geht so   ○ ☹ nächste Frage

Liegen wir noch in unserer Zeitplanung? (bitte ankreuzen):

○ ✔ ja   ○ ✘ nein

Optionale Verzögerungsdauer in Tagen:

Auf dieser Seite können Sie Fotos vom Bauabschnitt dieser Hausbauwoche einkleben, ein nettes Erlebnis als Text festhalten, ein Anlieferetikett als humorvollen Beitrag einkleben oder auch selbst kreative Skizzen einzeichnen etc.:

Woche 22

○ 🪃 Rohbau   ○ 🎨 Innenausbau   ○ ✏️ Restarbeiten

In dieser Woche wurden folgende Gewerke begonnen oder erfolgreich fertiggestellt:

In dieser Woche gab es folgende besondere Herausforderungen und/oder Probleme:

In dieser Woche hatten wir fleißige Hilfe von folgenden „Händen" (Familie, Nachbar etc.):

Die Stimmung in dieser Woche war (bitte ankreuzen):

○ ☺ sehr gut   ○ 😐 geht so   ○ ☹ nächste Frage

Liegen wir noch in unserer Zeitplanung? (bitte ankreuzen):

○ ✔ ja   ○ ✘ nein

Optionale Verzögerungsdauer in Tagen:

Auf dieser Seite können Sie Fotos vom Bauabschnitt dieser Hausbauwoche einkleben, ein nettes Erlebnis als Text festhalten, ein Anlieferetikett als humorvollen Beitrag einkleben oder auch selbst kreative Skizzen einzeichnen etc.:

Woche 23

Datum:

○ 🔨 Rohbau   ○ 🔨 Innenausbau   ○ 🔧 Restarbeiten

In dieser Woche wurden folgende Gewerke begonnen oder erfolgreich fertiggestellt:

In dieser Woche gab es folgende besondere Herausforderungen und/oder Probleme:

In dieser Woche hatten wir fleißige Hilfe von folgenden „Händen" (Familie, Nachbar etc.):

Die Stimmung in dieser Woche war (bitte ankreuzen):

○ ☺ sehr gut   ○ 😐 geht so   ○ ☹ nächste Frage

Liegen wir noch in unserer Zeitplanung? (bitte ankreuzen):

○ ✔ ja   ○ ✘ nein

Optionale Verzögerungsdauer in Tagen:

Auf dieser Seite können Sie Fotos vom Bauabschnitt dieser Hausbauwoche einkleben, ein nettes Erlebnis als Text festhalten, ein Anlieferetikett als humorvollen Beitrag einkleben oder auch selbst kreative Skizzen einzeichnen etc.:

Woche 24

○ 🔨 Rohbau   ○ 🛞 Innenausbau   ○ 📐 Restarbeiten

In dieser Woche wurden folgende Gewerke begonnen oder erfolgreich fertiggestellt:

In dieser Woche gab es folgende besondere Herausforderungen und/oder Probleme:

In dieser Woche hatten wir fleißige Hilfe von folgenden „Händen" (Familie, Nachbar etc.):

Die Stimmung in dieser Woche war (bitte ankreuzen):

○ ☺ sehr gut   ○ 😐 geht so   ○ ☹ nächste Frage

Liegen wir noch in unserer Zeitplanung? (bitte ankreuzen):

○ ✔ ja   ○ ✖ nein

Optionale Verzögerungsdauer in Tagen:

Auf dieser Seite können Sie Fotos vom Bauabschnitt dieser Hausbauwoche einkleben, ein nettes Erlebnis als Text festhalten, ein Anlieferetikett als humorvollen Beitrag einkleben oder auch selbst kreative Skizzen einzeichnen etc.:

Woche 25

Datum:

○ 🔺 Rohbau   ○ � Innenausbau   ○ 📏 Restarbeiten

In dieser Woche wurden folgende Gewerke begonnen oder erfolgreich fertiggestellt:

In dieser Woche gab es folgende besondere Herausforderungen und/oder Probleme:

In dieser Woche hatten wir fleißige Hilfe von folgenden „Händen" (Familie, Nachbar etc.):

Die Stimmung in dieser Woche war (bitte ankreuzen):

○ ☺ sehr gut   ○ 😐 geht so   ○ ☹ nächste Frage

Liegen wir noch in unserer Zeitplanung? (bitte ankreuzen):

○ ✔ ja   ○ ✖ nein

Optionale Verzögerungsdauer in Tagen:

66

Auf dieser Seite können Sie Fotos vom Bauabschnitt dieser Hausbauwoche einkleben, ein nettes Erlebnis als Text festhalten, ein Anlieferetikett als humorvollen Beitrag einkleben oder auch selbst kreative Skizzen einzeichnen etc.:

Woche 26

Datum:

○ 🔧 Rohbau   ○ 🎨 Innenausbau   ○ 📐 Restarbeiten

In dieser Woche wurden folgende Gewerke begonnen oder erfolgreich fertiggestellt:

In dieser Woche gab es folgende besondere Herausforderungen und/oder Probleme:

In dieser Woche hatten wir fleißige Hilfe von folgenden „Händen" (Familie, Nachbar etc.):

Die Stimmung in dieser Woche war (bitte ankreuzen):

○ ☺ sehr gut   ○ 😐 geht so   ○ ☹ nächste Frage

Liegen wir noch in unserer Zeitplanung? (bitte ankreuzen):

○ ✔ ja   ○ ✘ nein

Optionale Verzögerungsdauer in Tagen:

68

Auf dieser Seite können Sie Fotos vom Bauabschnitt dieser Hausbauwoche einkleben, ein nettes Erlebnis als Text festhalten, ein Anlieferetikett als humorvollen Beitrag einkleben oder auch selbst kreative Skizzen einzeichnen etc.:

Woche 27

Datum:

○ 🔨 Rohbau   ○ 🖌 Innenausbau   ○ 🔧 Restarbeiten

In dieser Woche wurden folgende Gewerke begonnen oder erfolgreich fertiggestellt:

In dieser Woche gab es folgende besondere Herausforderungen und/oder Probleme:

In dieser Woche hatten wir fleißige Hilfe von folgenden „Händen" (Familie, Nachbar etc.):

Die Stimmung in dieser Woche war (bitte ankreuzen):

○ ☺ sehr gut   ○ ☺ geht so   ○ ☹ nächste Frage

Liegen wir noch in unserer Zeitplanung? (bitte ankreuzen):

○ ✔ ja   ○ ✘ nein

Optionale Verzögerungsdauer in Tagen:

70

Auf dieser Seite können Sie Fotos vom Bauabschnitt dieser Hausbauwoche einkleben, ein nettes Erlebnis als Text festhalten, ein Anlieferetikett als humorvollen Beitrag einkleben oder auch selbst kreative Skizzen einzeichnen etc.:

Woche 28

Datum:

○ 🧱 Rohbau   ○ 🎨 Innenausbau   ○ ✏️ Restarbeiten

In dieser Woche wurden folgende Gewerke begonnen oder erfolgreich fertiggestellt:

In dieser Woche gab es folgende besondere Herausforderungen und/oder Probleme:

In dieser Woche hatten wir fleißige Hilfe von folgenden „Händen" (Familie, Nachbar etc.):

Die Stimmung in dieser Woche war (bitte ankreuzen):

○ ☺ sehr gut   ○ 😐 geht so   ○ ☹ nächste Frage

Liegen wir noch in unserer Zeitplanung? (bitte ankreuzen):

○ ✔ ja   ○ ✖ nein

Optionale Verzögerungsdauer in Tagen:

Auf dieser Seite können Sie Fotos vom Bauabschnitt dieser Hausbauwoche einkleben, ein nettes Erlebnis als Text festhalten, ein Anlieferetikett als humorvollen Beitrag einkleben oder auch selbst kreative Skizzen einzeichnen etc.:

Woche 29

Datum:

○   Rohbau   ○   Innenausbau   ○   Restarbeiten

In dieser Woche wurden folgende Gewerke begonnen oder erfolgreich fertiggestellt:

In dieser Woche gab es folgende besondere Herausforderungen und/oder Probleme:

In dieser Woche hatten wir fleißige Hilfe von folgenden „Händen" (Familie, Nachbar etc.):

Die Stimmung in dieser Woche war (bitte ankreuzen):

○   ☺   sehr gut   ○   😐   geht so   ○   ☹   nächste Frage

Liegen wir noch in unserer Zeitplanung? (bitte ankreuzen):

○   ✔   ja   ○   ✖   nein

Optionale Verzögerungsdauer in Tagen:

74

Auf dieser Seite können Sie Fotos vom Bauabschnitt dieser Hausbauwoche einkleben, ein nettes Erlebnis als Text festhalten, ein Anlieferetikett als humorvollen Beitrag einkleben oder auch selbst kreative Skizzen einzeichnen etc.:

Woche 30

Datum:

○ 🔨 Rohbau   ○ 🖌 Innenausbau   ○ ✏️ Restarbeiten

In dieser Woche wurden folgende Gewerke begonnen oder erfolgreich fertiggestellt:

In dieser Woche gab es folgende besondere Herausforderungen und/oder Probleme:

In dieser Woche hatten wir fleißige Hilfe von folgenden „Händen" (Familie, Nachbar etc.):

Die Stimmung in dieser Woche war (bitte ankreuzen):

○ ☺ sehr gut   ○ 😐 geht so   ○ ☹ nächste Frage

Liegen wir noch in unserer Zeitplanung? (bitte ankreuzen):

○ ✔ ja   ○ ✘ nein

Optionale Verzögerungsdauer in Tagen:

76

Auf dieser Seite können Sie Fotos vom Bauabschnitt dieser Hausbauwoche einkleben, ein nettes Erlebnis als Text festhalten, ein Anlieferetikett als humorvollen Beitrag einkleben oder auch selbst kreative Skizzen einzeichnen etc.:

Woche 31

○ Rohbau   ○ Innenausbau   ○ Restarbeiten

In dieser Woche wurden folgende Gewerke begonnen oder erfolgreich fertiggestellt:

In dieser Woche gab es folgende besondere Herausforderungen und/oder Probleme:

In dieser Woche hatten wir fleißige Hilfe von folgenden „Händen" (Familie, Nachbar etc.):

Die Stimmung in dieser Woche war (bitte ankreuzen):

○ ☺ sehr gut   ○ 😐 geht so   ○ ☹ nächste Frage

Liegen wir noch in unserer Zeitplanung? (bitte ankreuzen):

○ ✔ ja   ○ ✖ nein

Optionale Verzögerungsdauer in Tagen:

Auf dieser Seite können Sie Fotos vom Bauabschnitt dieser Hausbauwoche einkleben, ein nettes Erlebnis als Text festhalten, ein Anlieferetikett als humorvollen Beitrag einkleben oder auch selbst kreative Skizzen einzeichnen etc.:

Woche 32

○ 🔲 Rohbau   ○ 🔲 Innenausbau   ○ 🔲 Restarbeiten

In dieser Woche wurden folgende Gewerke begonnen oder erfolgreich fertiggestellt:

In dieser Woche gab es folgende besondere Herausforderungen und/oder Probleme:

In dieser Woche hatten wir fleißige Hilfe von folgenden „Händen" (Familie, Nachbar etc.):

Die Stimmung in dieser Woche war (bitte ankreuzen):

○ ☺ sehr gut   ○ 😐 geht so   ○ ☹ nächste Frage

Liegen wir noch in unserer Zeitplanung? (bitte ankreuzen):

○ ✔ ja   ○ ✘ nein

Optionale Verzögerungsdauer in Tagen:

Auf dieser Seite können Sie Fotos vom Bauabschnitt dieser Hausbauwoche einkleben, ein nettes Erlebnis als Text festhalten, ein Anlieferetikett als humorvollen Beitrag einkleben oder auch selbst kreative Skizzen einzeichnen etc.:

Woche 33

Datum:

○ 🛠 Rohbau   ○ 🎨 Innenausbau   ○ 📐 Restarbeiten

In dieser Woche wurden folgende Gewerke begonnen oder erfolgreich fertiggestellt:

In dieser Woche gab es folgende besondere Herausforderungen und/oder Probleme:

In dieser Woche hatten wir fleißige Hilfe von folgenden „Händen" (Familie, Nachbar etc.):

Die Stimmung in dieser Woche war (bitte ankreuzen):

○ ☺ sehr gut   ○ 😐 geht so   ○ ☹ nächste Frage

Liegen wir noch in unserer Zeitplanung? (bitte ankreuzen):

○ ✔ ja   ○ ✘ nein

Optionale Verzögerungsdauer in Tagen:

Auf dieser Seite können Sie Fotos vom Bauabschnitt dieser Hausbauwoche einkleben, ein nettes Erlebnis als Text festhalten, ein Anlieferetikett als humorvollen Beitrag einkleben oder auch selbst kreative Skizzen einzeichnen etc.:

Woche 34

Datum:

○ 🔨 Rohbau   ○ 🖌 Innenausbau   ○ 📐 Restarbeiten

In dieser Woche wurden folgende Gewerke begonnen oder erfolgreich fertiggestellt:

In dieser Woche gab es folgende besondere Herausforderungen und/oder Probleme:

In dieser Woche hatten wir fleißige Hilfe von folgenden „Händen" (Familie, Nachbar etc.):

Die Stimmung in dieser Woche war (bitte ankreuzen):

○ ☺ sehr gut   ○ 😐 geht so   ○ ☹ nächste Frage

Liegen wir noch in unserer Zeitplanung? (bitte ankreuzen):

○ ✔ ja   ○ ✖ nein

Optionale Verzögerungsdauer in Tagen:

Auf dieser Seite können Sie Fotos vom Bauabschnitt dieser Hausbauwoche einkleben, ein nettes Erlebnis als Text festhalten, ein Anlieferetikett als humorvollen Beitrag einkleben oder auch selbst kreative Skizzen einzeichnen etc.:

Woche 35

Datum:

○ 🛠 Rohbau   ○ 🎨 Innenausbau   ○ 🔧 Restarbeiten

In dieser Woche wurden folgende Gewerke begonnen oder erfolgreich fertiggestellt:

In dieser Woche gab es folgende besondere Herausforderungen und/oder Probleme:

In dieser Woche hatten wir fleißige Hilfe von folgenden „Händen" (Familie, Nachbar etc.):

Die Stimmung in dieser Woche war (bitte ankreuzen):

○ 🙂 sehr gut   ○ 😐 geht so   ○ 🙁 nächste Frage

Liegen wir noch in unserer Zeitplanung? (bitte ankreuzen):

○ ✔ ja   ○ ✘ nein

Optionale Verzögerungsdauer in Tagen:

Auf dieser Seite können Sie Fotos vom Bauabschnitt dieser Hausbauwoche einkleben, ein nettes Erlebnis als Text festhalten, ein Anlieferetikett als humorvollen Beitrag einkleben oder auch selbst kreative Skizzen einzeichnen etc.:

Woche 36

Datum:

○ 🪏 Rohbau   ○ 🪣 Innenausbau   ○ 📐 Restarbeiten

In dieser Woche wurden folgende Gewerke begonnen oder erfolgreich fertiggestellt:

In dieser Woche gab es folgende besondere Herausforderungen und/oder Probleme:

In dieser Woche hatten wir fleißige Hilfe von folgenden „Händen" (Familie, Nachbar etc.):

Die Stimmung in dieser Woche war (bitte ankreuzen):

○ ☺ sehr gut   ○ 😐 geht so   ○ ☹ nächste Frage

Liegen wir noch in unserer Zeitplanung? (bitte ankreuzen):

○ ✔ ja   ○ ✘ nein

Optionale Verzögerungsdauer in Tagen:

Auf dieser Seite können Sie Fotos vom Bauabschnitt dieser Hausbauwoche einkleben, ein nettes Erlebnis als Text festhalten, ein Anlieferetikett als humorvollen Beitrag einkleben oder auch selbst kreative Skizzen einzeichnen etc.:

Woche 37

Datum:

○ Rohbau   ○ Innenausbau   ○ Restarbeiten

In dieser Woche wurden folgende Gewerke begonnen oder erfolgreich fertiggestellt:

In dieser Woche gab es folgende besondere Herausforderungen und/oder Probleme:

In dieser Woche hatten wir fleißige Hilfe von folgenden „Händen" (Familie, Nachbar etc.):

Die Stimmung in dieser Woche war (bitte ankreuzen):

○ ☺ sehr gut   ○ 😐 geht so   ○ ☹ nächste Frage

Liegen wir noch in unserer Zeitplanung? (bitte ankreuzen):

○ ✔ ja   ○ ✖ nein

Optionale Verzögerungsdauer in Tagen:

Auf dieser Seite können Sie Fotos vom Bauabschnitt dieser Hausbauwoche einkleben, ein nettes Erlebnis als Text festhalten, ein Anlieferetikett als humorvollen Beitrag einkleben oder auch selbst kreative Skizzen einzeichnen etc.:

Woche 38

Datum:

○   🛠   Rohbau   ○   🖌   Innenausbau   ○   ✏   Restarbeiten

In dieser Woche wurden folgende Gewerke begonnen oder erfolgreich fertiggestellt:

In dieser Woche gab es folgende besondere Herausforderungen und/oder Probleme:

In dieser Woche hatten wir fleißige Hilfe von folgenden „Händen" (Familie, Nachbar etc.):

Die Stimmung in dieser Woche war (bitte ankreuzen):

○   ☺   sehr gut   ○   😐   geht so   ○   ☹   nächste Frage

Liegen wir noch in unserer Zeitplanung? (bitte ankreuzen):

○   ✔   ja   ○   ✖   nein

Optionale Verzögerungsdauer in Tagen:

Auf dieser Seite können Sie Fotos vom Bauabschnitt dieser Hausbauwoche einkleben, ein nettes Erlebnis als Text festhalten, ein Anlieferetikett als humorvollen Beitrag einkleben oder auch selbst kreative Skizzen einzeichnen etc.:

Woche 39

Datum:

○ Rohbau   ○ Innenausbau   ○ Restarbeiten

In dieser Woche wurden folgende Gewerke begonnen oder erfolgreich fertiggestellt:

In dieser Woche gab es folgende besondere Herausforderungen und/oder Probleme:

In dieser Woche hatten wir fleißige Hilfe von folgenden „Händen" (Familie, Nachbar etc.):

Die Stimmung in dieser Woche war (bitte ankreuzen):

○ ☺ sehr gut   ○ 😐 geht so   ○ ☹ nächste Frage

Liegen wir noch in unserer Zeitplanung? (bitte ankreuzen):

○ ✔ ja   ○ ✖ nein

Optionale Verzögerungsdauer in Tagen:

Auf dieser Seite können Sie Fotos vom Bauabschnitt dieser Hausbauwoche einkleben, ein nettes Erlebnis als Text festhalten, ein Anlieferetikett als humorvollen Beitrag einkleben oder auch selbst kreative Skizzen einzeichnen etc.:

Woche 40

Datum:

○ Rohbau   ○ Innenausbau   ○ Restarbeiten

In dieser Woche wurden folgende Gewerke begonnen oder erfolgreich fertiggestellt:

In dieser Woche gab es folgende besondere Herausforderungen und/oder Probleme:

In dieser Woche hatten wir fleißige Hilfe von folgenden „Händen" (Familie, Nachbar etc.):

Die Stimmung in dieser Woche war (bitte ankreuzen):

○ ☺ sehr gut   ○ 😐 geht so   ○ ☹ nächste Frage

Liegen wir noch in unserer Zeitplanung? (bitte ankreuzen):

○ ✔ ja   ○ ✘ nein

Optionale Verzögerungsdauer in Tagen:

Auf dieser Seite können Sie Fotos vom Bauabschnitt dieser Hausbauwoche einkleben, ein nettes Erlebnis als Text festhalten, ein Anlieferetikett als humorvollen Beitrag einkleben oder auch selbst kreative Skizzen einzeichnen etc.:

Richtfest

Datum:

 Richtfest

 Richtfest

 Richtfest

 # Prüfungen / Abnahme

Die Rohbauabnahme erfolgte am:

◯ ☺ mängelfrei ◯ ☹ mit folgenden Mängeln:

Die abschließende Fertigstellung erfolgte am:

◯ ☺ mängelfrei ◯ ☹ mit folgenden Mängeln:

Prüfungen / Abnahme

Die Dichtheitsprüfung erfolgte am:

○ 🙂 dicht   ○ 🙁 nicht dicht

Der Blower-Door-Test erfolgte am:

mit einem Wert von:

Die Endabnahme mit dem Architekten/Bauträger erfolgte am:

○ 🙂 mängelfrei   ○ 🙁 mit folgenden Mängeln:

Resümee

Unser Einzug erfolgte am:

Die tatsächlichen Baukosten beliefen sich auf:

Unser Zeitplan wurde:

○ ☺ eingehalten

○ ☹ um · · · · Tage
überschritten

 # Das fertige Haus

 Das fertige Haus

 # Das fertige Haus